학생용 워크북

초등학교
**라이프스킬**로 배우는
**성 톡톡**
talk talk

이규영 저

CAU 중앙대학교 출판부

### 라이프스킬로 배우는 성 톡톡(학생용 워크북)

2018년  12월 31일 초판 발행
2021년   8월 25일 2판 1쇄 발행

**저 자**  이 규 영
**발 행**  중앙대학교 출판부
         서울시 동작구 흑석로 84
**전 화**  (02)820-6137   **팩 스**  (02)822-5495
**제 작**  이환기획 (02)764-1116
**등 록**  제14-1호(등록일: 1977.8.31.)

ⓒ2018, 이규영
ISBN 978-89-7207-910-1(63190)

이 책은 저작권법에 의하여 보호를 받는 저작물이므로 무단 전재와 복제를 금합니다.

---

**한국라이프스킬 교육센터** http://lifeskill.co.kr (02-820-5982)
- 이 프로그램은 2017년도 정부(미래창조과학부)의 재원으로 한국연구재단의 지원을 받아 수행된 연구임
  (No. NRF-2017R1A2A2A05001108)

이 프로그램은 한국연구재단의 중견연구자 후속연구 사업비를 지원받아 개발된 '초등학생을 위한 라이프스킬 성 톡톡(talk talk) 프로그램'입니다.

라이프스킬(Life Skills)이란, 생활 속에서 일어나는 다양한 문제를 비판적으로 사고하여 올바른 의사결정을 하고, 다른 사람과 원만한 대인관계를 할 수 있도록 도와주며, 스트레스 대처 능력을 길러주는 등 청소년들의 자기관리 능력을 바람직한 방향으로 길러주는데 도움이 됩니다.

이 프로그램의 특징은 활동 중심의 학습을 통하여 건강한 생활습관을 익히는 학습방법을 채택하고 있습니다. 즉 여러분들은 이 프로그램을 통하여 성에 대한 지식과 실천 방법을 배우고 다양한 생활기술들을 적용할 수 있는 기회를 가질 것입니다.

각 차시별 수업 시간에는 선생님의 안내에 따라 다양한 활동을 수행하게 될 것입니다.

이 프로그램은 건강한 생활습관을 형성하고 다양한 위험행동을 '예방'하는 데 초점을 둔 중재프로그램으로써 청소년들에게 적용하는 것을 권장하고 있습니다.

우리나라 미래의 주역인 청소년 여러분들의 건강을 위하여 이 프로그램이 기여할 수 있기를 희망하며, 여러분이 라이프스킬 성 건강 교육을 통하여 자기관리를 잘 할 수 있는 힘을 길러 몸과 마음이 건강해 지기를 바랍니다.

2018년 12월

중앙대학교적십자간호대학 교수
한국라이프스킬교육센터장

**이 규 영**

# 이 책의 구성

## 초등학교 라이프스킬로 배우는 성 톡톡(talk talk)

이 워크북은 여러분이 실생활에 도움이 되는 라이프스킬(Life Skills)을 자연스럽게 학습하여 이를 통한 건강한 성 지식 및 태도를 기르는데 도움을 줍니다. 단순히 보고 듣고 외우는 성 지식이 아닌 여러분이 실제 생활에서 겪을 수 있는 다양한 상황 및 활동들을 포함하고 있어 쉽고 재미있게 성 교육 수업을 받을 수 있게 도와줍니다. 선생님과 친구들과 함께 이 워크북에 학습한 내용을 잘 기록하고 채워나간다면 모든 수업이 끝난 후 여러분의 라이프스킬 수준은 부쩍 성장해 있을 것입니다. 자, 그럼 이제부터 라이프스킬로 배우는 성 톡톡(talk talk) 수업을 시작해 볼까요?

### · 생각해 보기

학습을 시작하기 전 배울 내용에 대해 퀴즈풀기, 개념 떠올려 보기, 자기 생각 말하기 등의 활동을 해 보는 시간입니다. 이 활동을 통해 이번 시간에 학습할 내용에 대해 자신이 이미 알고 있는 지식을 확인하고 무엇을 학습하게 될지 미리 생각해 보고 준비할 수 있습니다.

### · 활동

학습목표 달성을 위해 라이프스킬을 기반으로 다양한 개별/모둠 활동을 하여 실제적인 성 지식 및 태도를 기르고 실생활에 적용할 수 있는 기술을 연습해 보는 시간입니다.

### · 정리, 돌아보기

수업 중 학습한 내용 중 중요한 포인트들을 다시 한 번 돌아보는 시간입니다. 이 활동을 통해 학습한 내용을 더 오래, 잘 기억하고 실생활에 적용해 볼 수 있습니다.

### · 학습한 내용 평가해 보기

다양한 형태의 참여 학습 활동을 통해 학습한 내용을 학습자 스스로 확인해 보고, 다른 친구들과의 협동학습 과정을 평가해 보는 시간입니다. 이 활동을 통해 매 수업시간마다 자신이 잘한 점과 부족한 점을 확인해 보고 스스로 학습해 나가는 습관을 기를 수 있습니다.

# 목 차

### 1단원 사춘기 자아존중감 높이기
1. 사춘기 몸과 마음 — 11
2. 사춘기 몸의 변화 — 15
3. 사춘기 마음의 변화 — 18

가정에 보내는 편지

### 2단원 성 건강관리 잘하기
4. 여성 생식기의 구조와 기능 — 25
5. 남성 생식기의 구조와 기능 — 28
6. 생식기 건강관리 — 31
7. 아기의 탄생 — 36

가정에 보내는 편지

### 3단원 톡톡(talk talk) 관계맺기 잘하기
8. 남녀 성 심리 차이 — 43
9. 올바른 성 건강정보 활용하기 — 45
10. 바람직한 의사결정 — 51
11. 성 평등 세상 — 54

가정에 보내는 편지

### 4단원 자기주장 잘하기
12. 건전한 이성교제 — 61
13. 위험행동 예측하기 — 64
14. 유혹 거절하기 — 66

가정에 보내는 편지

### 5단원 비판적 사고와 문제해결 잘하기
15. 인터넷 사진 공유의 위험성 바로 알기 — 75
16. 자신의 미래 생각하기 — 77

가정에 보내는 편지

# 1단원

## 사춘기 자아존중감 높이기

1. 사춘기 몸과 마음
2. 사춘기 몸의 변화
3. 사춘기 마음의 변화

▶ 가정에 보내는 편지

# 01 사춘기 몸과 마음

사춘기 몸과 마음의 건강에 대해 알고 싶어요.

 사춘기 몸과 마음에 대한 마인드맵 만들기

1. '사춘기 몸과 마음' 주제를 중앙에 적고 연상되는 단어나 글을 쓴다.
2. 앞에서 쓴 단어나 글에서 또 다시 생각나는 단어나 글을 쓴다.
3. 수업에서 배운 것, 다른 사람에게 들은 것, 책에서 본 내용 등을 활용한다.
4. 몸, 마음, 주변에서 일어나는 것을 적는다.

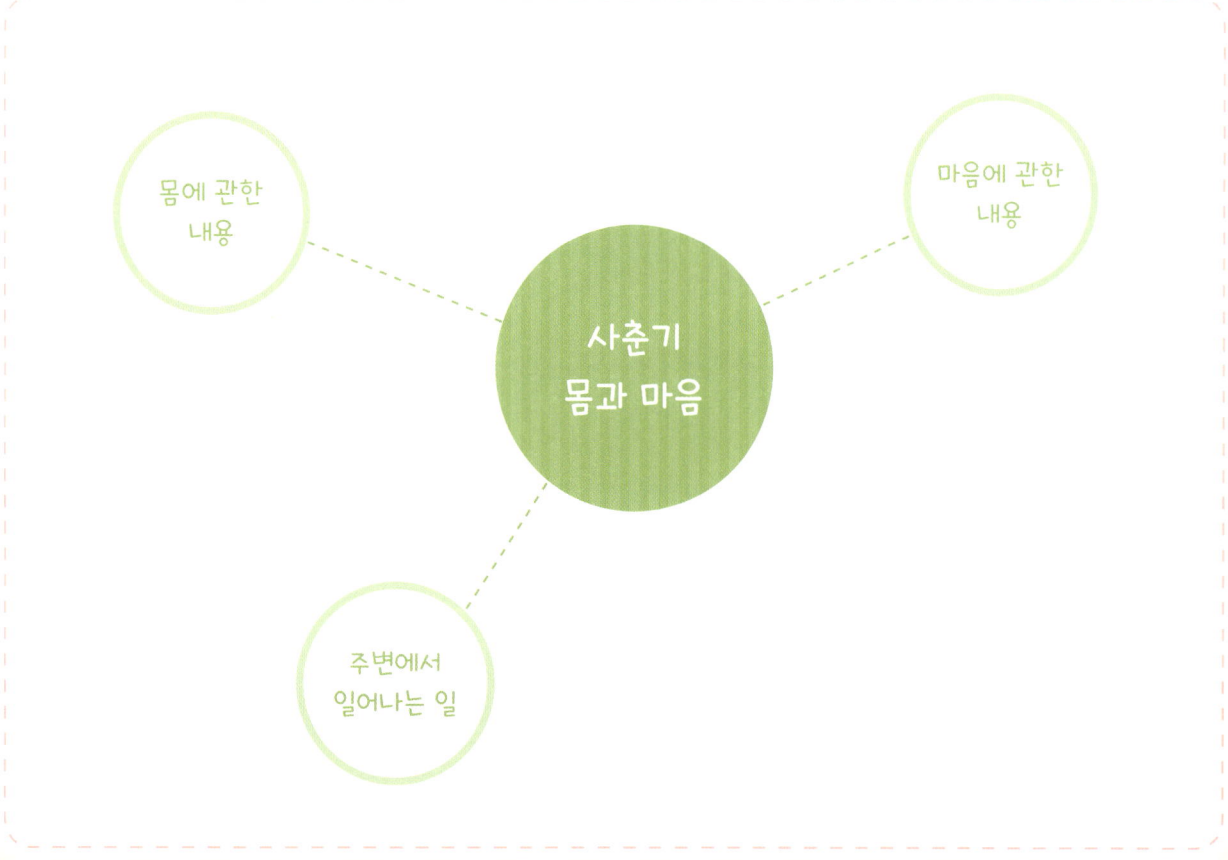

## 활동2 '사춘기 몸과 마음의 건강'에 관한 조사

안녕하세요? 여러분은 이제부터 '사춘기 몸과 마음의 건강'에 관해 배우게 될 것입니다. 수업을 진행함에 있어 여러분들이 어떤 내용을 알고 싶어 하는지 확인하고자 합니다. 이 설문지의 내용은 앞으로의 학습에서만 사용하니 솔직하게 응답해주세요.

_____ 학년 _____ 반 ( 남자 · 여자 )

1. '사춘기의 몸'에 관한 내용 중에서 어떤 내용이 궁금합니까? 해당하는 번호에 ○를 표시하세요. (3개까지 가능)
   ① 사춘기 전후로 시작되는 여러 가지 몸의 변화에 관하여
   ② 남자와 여자의 몸의 발달 차이에 관하여
   ③ 자신과 주변 친구들의 몸의 발달 차이에 관하여
   ④ 키가 크고 체중이 증가하는 것에 관하여
   ⑤ 여드름에 관하여
   ⑥ 기타 (                              )

2. '사춘기의 몸'에 관한 내용에서 위에 적힌 내용 이외에 알고 싶은 내용이 있다면 적어주세요.



3. '사춘기의 마음'에 관한 내용 중에서 어떤 내용이 궁금합니까? 해당하는 번호에 ○를 표시하세요. (3개까지 가능)
   ① 왜 여러 가지 일들에 대해 관심이 생겨나는지에 관하여
   ② 왜 이성에 대한 관심이 생겨나는지에 관하여
   ③ 왜 복장이나 헤어스타일에 신경을 쓰게 되는지에 관하여
   ④ 왜 부모님이나 형제의 말을 고분고분하게 듣지 못하는지에 관하여
   ⑤ 왜 친구들과 사귀는 것이 어려워지는가에 관하여
   ⑥ 왜 아무렇지도 않은 일로 기분이 좋아지거나 나빠지거나 하는지에 관하여
   ⑦ 왜 갑자기 혼자가 되고 싶다는 생각을 하게 되는지에 관하여
   ⑧ 왜 갑자기 외롭다고 느껴지는지에 관하여
   ⑨ 왜 초조해지거나 불안해지는 일이 많아지는지에 관하여
   ⑩ 기타 (                              )

4. '사춘기의 마음'에 관한 내용에서 위에 적힌 내용 이외에 알고 싶은 내용이 있다면 적어주세요.



5. 아래 질문을 읽고 번호를 적어주세요.

| 질문 | 사귀는 친구와 스킨십(손잡기, 포옹)하는 것은 자연스럽다. | (   ) |
|---|---|---|
| 답변 | ① 매우 그렇다  ② 그렇다  ③ 보통이다  ④ 아니다  ⑤ 전혀 아니다 | |

**학부모용 설문지** '사춘기 몸과 마음의 건강'에 관한 조사

안녕하세요? 귀하의 자녀는 '사춘기 몸과 마음의 건강'에 대해 배우게 될 것입니다. 수업을 진행함에 있어 본 주제와 관련하여 어떤 내용을 배우면 좋겠다고 생각하시는지 확인하고자 합니다. 이 설문의 내용은 학습에만 사용되오니 솔직하게 응답해주십시오.

_____ 학년 _____ 반 ( 남자 · 여자 )

1. '사춘기의 몸'에 관한 내용 중에서 귀하의 자녀는 어떤 내용을 배우면 좋겠다고 생각하십니까? 해당하는 내용의 번호에 ○를 표시하세요.(3개까지 가능)
   ① 사춘기 전후로 시작되는 여러 가지 몸의 변화에 관하여
   ② 남자와 여자의 몸의 발달의 차이에 관하여
   ③ 자신과 주변 친구들의 몸의 발달의 차이에 관하여
   ④ 키가 크고 체중이 증가하는 것에 관하여
   ⑤ 체모에 관하여
   ⑥ 변성에 관하여
   ⑦ 몸의 냄새에 관하여
   ⑧ 여드름에 관하여
   ⑨ 기타 (                              )

2. '사춘기의 몸'에 관한 내용에서 위에 적힌 내용 이외에 배우면 좋겠다고 생각하는 내용이 있다면 적어주세요.

3. '사춘기의 마음'에 관한 내용 중에 귀하의 자녀는 어떤 내용을 배우면 좋겠다고 생각하십니까? 해당하는 번호에 ○를 표시하세요.(3개까지 가능)
   ① 왜 여러 가지 일들에 대해 관심이 생겨나는지에 관하여
   ② 왜 이성에 대한 관심이 생겨나는지에 관하여
   ③ 왜 복장이나 헤어스타일에 신경을 쓰게 되는지에 관하여
   ④ 왜 부모나 형제의 말을 고분고분하게 듣지 못하는지에 관하여
   ⑤ 왜 친구들과 사귀는 것이 어려워지는가에 관하여
   ⑥ 왜 아무렇지도 않은 일로 기분이 좋아지거나 나빠지거나 하는지에 관하여
   ⑦ 왜 갑자기 혼자가 되고 싶다는 생각을 하게 되는지에 관하여
   ⑧ 왜 갑자기 외롭다고 느껴지는지에 관하여
   ⑨ 왜 초조해지거나 불안해지는 일이 많아지는지에 관하여
   ⑩ 기타 (                              )

4. '사춘기의 마음'에 관한 내용에서 위에 적힌 내용 이외에 배우면 좋겠다는 내용이 있다면 적어주세요.

 **활동3** 라이프스킬(Life Skill, 생활기술)이란?

✅ **라이프스킬(Life Skill, 생활기술)이란?**

라이프스킬은 사람들이 일상생활에서 직면하는 여러 도전들을 효과적으로 해결할 수 있도록 도와주는 적응적·긍정적인 행위 능력입니다. 즉, 라이프스킬은 비판적·창조적으로 생각하고, 효과적으로 의사소통하며, 사람들과 건강한 인간관계를 만들고, 타인과 공감하며, 건강하고 생산적인 방법으로 자신들의 삶을 유지하는데 대처할 수 있도록 돕는 사회심리적인 능력이며 대안관계 기술입니다. 라이프스킬을 잘 활용하는 사람은 어떤 일이 생기거나 문제가 발생했을 때 충분한 생각을 거친 후 의사결정을 하고 문제를 해결합니다.

## ⏳ 평가 학습한 내용 평가해 보기

| 평가 | 질문내용 | 응답 | | |
|---|---|---|---|---|
| 자기평가 | 라이프스킬의 개념에 대해 설명할 수 있나요? | 우수 | 보통 | 노력 |
| | 사춘기 몸과 마음의 건강에 대해 무엇을 알고 싶은지 말할 수 있나요? | 우수 | 보통 | 노력 |
| | 사춘기 변화하는 몸과 마음에 대해 표현할 수 있나요? | 우수 | 보통 | 노력 |
| | 오늘 수업에 적극적으로 참여하였나요? | 우수 | 보통 | 노력 |
| 상호평가 | 우리 모둠이 완성한 마인드맵은 잘 표현되었나요? | 우수 | 보통 | 노력 |
| | 마인드맵 만들기를 가장 활동적으로 만든 모둠은 어느 조인가요? | | | |
| | 오늘 수업에서 가장 기억에 남는 것 한 가지를 적어봅시다 | | | |
| 종합평가 | 잘한 점 | | 보완할 점 | |

# 02 사춘기 몸의 변화

사춘기 몸의 변화를 알 수 있어요.

 **활동1** 사춘기 몸의 변화에 대한 의견 제시 및 토의하기

1. 전지에 모둠별 활동 용지를 그린다.
2. 모둠 인원수대로 칸을 그리고 의견을 적는다.
3. 개인의 의견을 바탕으로 토의를 통해 공통의 의견, 합의한 의견을 가운데 원 안에 적는다.
4. 모둠 대표는 공통된 의견을 발표한다.
5. 발표를 듣고 '활동2. 발표를 기록하자'를 작성한다.

※ 모둠 인원 수대로 칸을 나눈다.

1단원 사춘기 자아 존중감 높이기

### 활동2  발표를 기록하자

다른 주제를 가진 모둠이 발표를 하면, 잘 듣고 이미 알고 있거나 알지 못했던 내용을 기록해 봅시다. 같은 질문에 대해 한 모둠씩 발표하고 남녀의 차이가 있는지를 적어봅시다.

🚩 **질문(주제)**

| • 새롭게 안 내용 | • 남녀의 차이<br>있었다 (   )<br>없었다 (   )<br>잘 모르겠다 (   ) |
|---|---|

🚩 **질문(주제)**

| • 새롭게 안 내용 | • 남녀의 차이<br>있었다 (   )<br>없었다 (   )<br>잘 모르겠다 (   ) |
|---|---|

🚩 **질문(주제)**

| • 새롭게 안 내용 | • 남녀의 차이<br>있었다 (   )<br>없었다 (   )<br>잘 모르겠다 (   ) |
|---|---|

### 정리  돌아보기

1. 사춘기 몸의 변화에 개인차가 있음을 알 수 있었습니까?

   ① 알 수 있었다      ② 알 수 없었다      ③ 그 외 (                                    )

2. 사춘기 몸의 변화에 남녀의 차이가 있음을 알 수 있었습니까?

   ① 알 수 있었다      ② 알 수 없었다      ③ 그 외 (                                    )

3. 사춘기가 되면 우리 몸에 어떤 변화가 나타나는지 간단히 적어주세요.

   _____

   _____

 **학습한 내용 평가해 보기**

| 평가 | 질문내용 | 응답 | | |
|---|---|---|---|---|
| 자기평가 | 사춘기 몸의 변화에 대해 설명할 수 있나요? | 우수 | 보통 | 노력 |
| | 사춘기 남자 몸의 변화에 대해 설명할 수 있나요? | 우수 | 보통 | 노력 |
| | 사춘기 여자 몸의 변화에 대해 설명할 수 있나요? | 우수 | 보통 | 노력 |
| | 오늘 수업에 적극적으로 참여하였나요? | 우수 | 보통 | 노력 |
| 상호평가 | 우리 모둠은 합의된 의견을 활동지에 잘 표현했나요? | 우수 | 보통 | 노력 |
| | 합의된 의견을 가지고 발표를 가장 잘한 모둠은 어디인가요? | | | |
| | 오늘 수업에서 새롭게 알게 된 것 한 가지를 적어봅시다. | | | |
| 종합평가 | 잘한 점 | | 보완할 점 | |

# 03 사춘기 마음의 변화

사춘기 마음의 변화를 알 수 있어요.

 활동1  사춘기 마음의 변화에 대해 명목집단법(NGT) 활용하여 토의하기

✅ **명목집단법(NGT; Nominal Group Technique)이란?**
토론 시작 전에 참가자 각자가 다른 사람과 이야기하지 않고 (침묵 속에서) 주어진 토의 주제에 대한 자신의 생각이나 아이디어를 정리하여 포스트잇에 핵심단어를 적어 제시하는 방법

1. 모둠별 구성원들은 서로 말을 하지 않는다.
2. 자신의 생각이나 아이디어를 포스트잇 1장 당 1단어 또는 1문장으로 적는다.
3. 한 사람이 3장씩 적는다.
4. 포스트잇을 모아 비슷한 내용끼리 분류하고 제목(주제)을 정한다.

 활동2  사춘기를 잘 보내기 위한 방법 토의하기

주제:

포스트잇을 붙여주세요

## 정리 사춘기 삼행시 짓기

사춘기를 맞이하는 나의 다짐을 담아 '사춘기'로 삼행시를 지어봅시다.

**사** _____
**춘** _____
**기** _____

## 정리 돌아보기

1. 수업을 통해 자신의 마음이 어떻게 변했는지 적어봅시다.

_____
_____
_____

2. 사춘기 마음의 변화에 잘 대처하는 방법에는 무엇이 있는지 적어봅시다.

_____
_____
_____

3. '사춘기 마음의 변화'에 대해 새롭게 알게 된 점이나 느낀 점은 무엇입니까?

_____
_____
_____

 **평가** 학습한 내용 평가해 보기

| 평가 | 질문내용 | 응답 | | |
|---|---|---|---|---|
| 자기평가 | 사춘기 마음의 변화에 대해 설명할 수 있나요? | 우수 | 보통 | 노력 |
| | 사춘기 변화하는 마음에 대해 표현할 수 있나요? | 우수 | 보통 | 노력 |
| | 사춘기 마음의 변화에 잘 대처하는 방법에 대해 설명할 수 있나요? | 우수 | 보통 | 노력 |
| | 오늘 수업에 적극적으로 참여하였나요? | 우수 | 보통 | 노력 |
| 상호평가 | 우리 모둠은 각자 의견을 포스트잇에 잘 표현하였나요? | 우수 | 보통 | 노력 |
| | 사춘기를 잘 보내기 위한 토론에 가장 열심히 의견을 제시한 모둠은 어느 조인가요? | | | |
| | 오늘 수업에서 배운 사춘기를 잘 보내기 위한 방법 한 가지를 적어봅시다. | | | |
| 종합평가 | 잘한 점 | 보완할 점 | | |

## 가정에 보내는 편지

### 학부모님께

우리 학급은 이번 "사춘기 자아존중감 높이기" 수업을 통해 사춘기를 맞이하게 되는 나의 몸과 마음에 일어나는 변화에 대해 생각해 보는 시간을 가졌습니다. 사춘기에 겪게 되는 신체적, 정서적 변화 과정이 시작되는 시기에 있는 우리 학생들이 나와 친구들에게 일어나는 변화에 대해 함께 이야기하면서 서로의 공통점과 차이점을 이해하고 자연스러운 성장기를 맞을 수 있는 기회가 되었을 것으로 여겨집니다.

아동기에서 청소년기로 이행되는 과정에 있는 자녀는 갑작스러운 몸과 마음의 변화에 초조함이나 불안을 느낄 수 있습니다. 자신에 대해 생각해 보는 시간을 갖고, 올바른 자아상을 확립하여 자신감을 가질 때 이러한 초조함이나 불안은 감소됩니다. 즉, 자신을 어떻게 보고 있는지에 대한 이미지인 자아존중감은 자아이미지 탐색과 자아상 확립을 통해 높여줄 수 있습니다. 이렇게 형성된 긍정적 자아존중감은 앞으로 부딪치게 될 사춘기의 어려움들을 건설적이고 슬기롭게 해결하는데 밑거름이 되어 줄 것입니다.

가정에서도 사춘기를 맞게 되는 자녀와 사춘기 몸과 마음의 변화에 대해 진솔한 대화를 나누는 시간을 갖으실 것을 권유합니다. 부모님과의 대화를 통해 귀 자녀는 앞으로 겪게 될 사춘기의 여러 문제들에 대해 걱정하거나 두려워하지 않고 하나의 성장과정으로 자연스럽게 받아들이고, 부모님을 사춘기의 조언자로 여기게 될 것입니다.

사춘기에 접어들고 있는 귀 자녀에게 가정에서 따뜻한 관심과 격려를 해 주시기 바랍니다.

감사합니다.

# 2단원

# 성 건강관리 잘하기

4. 여성 생식기의 구조와 기능
5. 남성 생식기의 구조와 기능
6. 생식기 건강관리
7. 아기의 탄생

▶ 가정에 보내는 편지

# 04 여성 생식기의 구조와 기능

2차 성징으로 나타나는 여성 몸의 구조와 변화를 말할 수 있어요.

### 활동1 이것이 궁금해요! (여성 생식기)

**Q** 자궁에 대해서 알고 싶어요.
**A** 아기가 자라는 아기집입니다. 배꼽 아랫부분의 뱃속에 있습니다. 어른이 되면 주먹만 한 크기가 되고, 항상 따뜻하고 조용하지요.

**Q** 난자에 대해서 자세히 알려 주세요.
**A** 정자와 만나서 아기가 되는 아기씨입니다. 잘 성숙된 난자는 한 달에 한 번 난소 밖으로 나오는데, 이것을 배란이라고 합니다.

**Q** 난소의 역할은 무엇인가요?
**A** 난자를 키우고 여성 호르몬을 만들어 내는 곳입니다. 자궁의 양쪽에 한 개씩 있고, 난소의 안쪽은 스펀지처럼 부드럽습니다.

**Q** 나팔관(난관)에 대해 알려 주세요.
**A** 난자를 자궁으로 올 수 있게 하는 길이고, 길이는 약 10cm 정도입니다. 나팔 모양으로 생겨서 나팔관이라고도 하지요.

**Q** 질은 무엇인가요?
**A** 자궁과 바깥세상을 연결해 주는 길입니다. 정자가 이 길을 지나 자궁으로 들어가고, 아기가 이 길을 통해 태어납니다. 월경을 할 때에 혈액이 나오는 통로이기도 합니다.

아래의 그림 빈칸에 알맞은 이름을 적어봅시다.

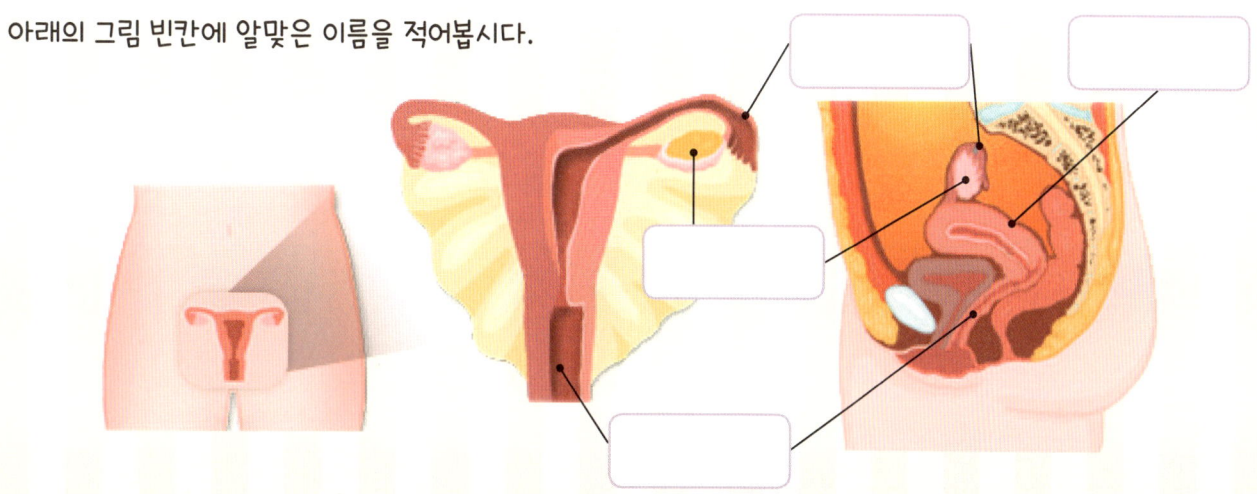

2단원 성 건강관리 잘하기

## 활동2  변화하는 몸(여성의 2차 성징)

사춘기가 되어 여성의 몸에 나타나는 2차 성징이 무엇인지 적고, 이러한 변화에 어떻게 준비하거나 대처하면 될지 적어보세요.

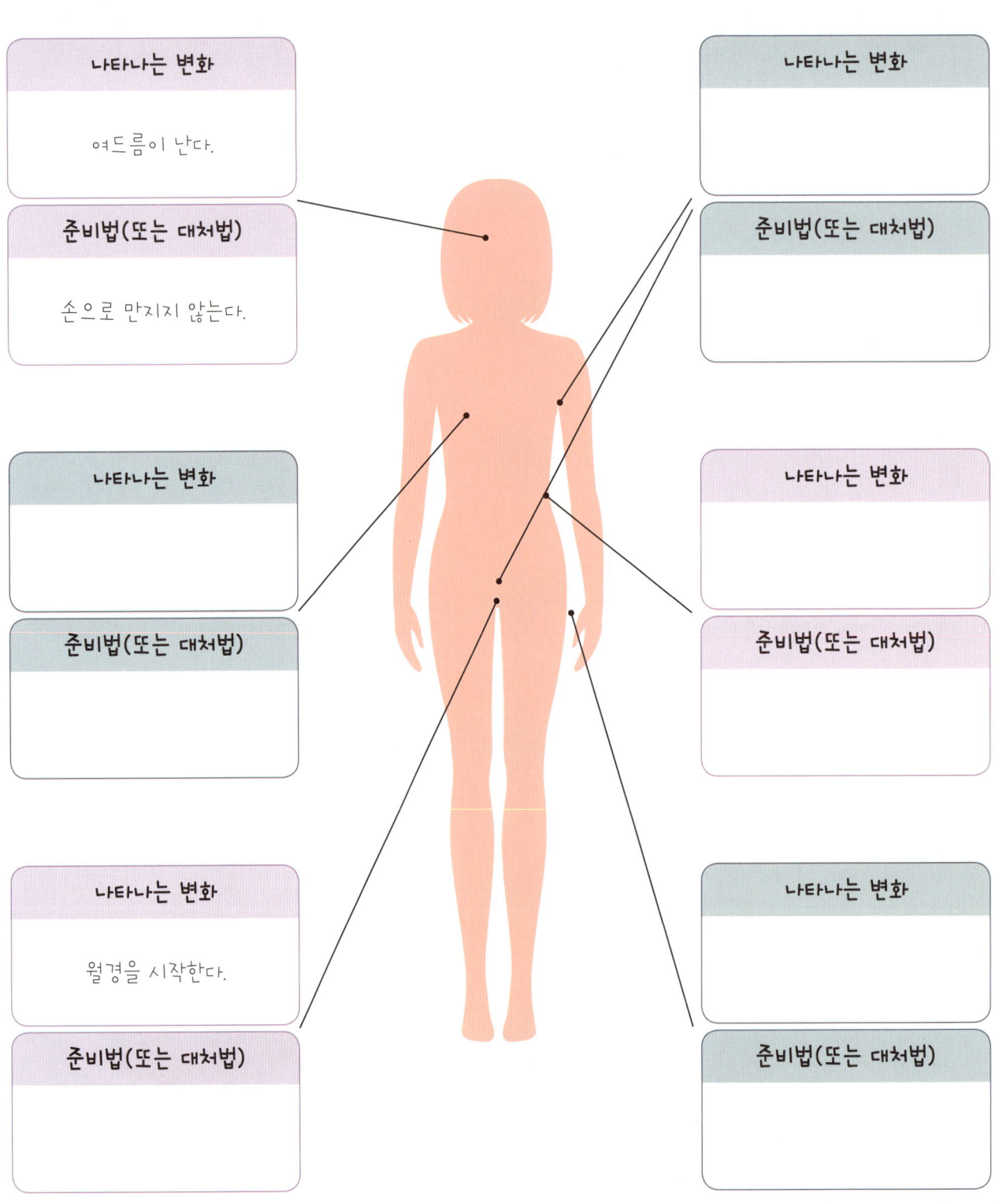

**나타나는 변화**
여드름이 난다.

**준비법(또는 대처법)**
손으로 만지지 않는다.

**나타나는 변화**

**준비법(또는 대처법)**

**나타나는 변화**

**준비법(또는 대처법)**

**나타나는 변화**

**준비법(또는 대처법)**

**나타나는 변화**
월경을 시작한다.

**준비법(또는 대처법)**

**나타나는 변화**

**준비법(또는 대처법)**

## 정리 돌아보기

오늘 수업에서 느낀 점과 앞으로의 다짐을 적어봅시다.

----
----
----
----
----
----

## 평가 학습한 내용 평가해 보기

| 평가 | 질문내용 | 응답 | | |
|---|---|---|---|---|
| 자기평가 | 여성 생식기의 명칭들을 말할 수 있나요? | 우수 | 보통 | 노력 |
| | 여성 생식기의 기능들을 설명할 수 있나요? | 우수 | 보통 | 노력 |
| | 2차 성징으로 인해 나타나는 여성 몸의 변화를 설명할 수 있나요? | 우수 | 보통 | 노력 |
| | 오늘 수업에 적극적으로 참여하였나요? | 우수 | 보통 | 노력 |
| 상호평가 | 반 친구들은 사춘기 여성 몸의 변화에 대해 잘 발표했나요? | 우수 | 보통 | 노력 |
| | 오늘 수업에서 새롭게 알게 된 것 한 가지를 적어봅시다. | | | |
| 종합평가 | 잘한 점 | | 보완할 점 | |

# 05 남성 생식기의 구조와 기능

2차 성징으로 나타나는 남성 몸의 구조와 변화를 말할 수 있어요.

###  이것이 궁금해요! (남성 생식기의 구조와 기능)

**Q 정자에 대해서 자세히 알려 주세요.**
A 난자와 만나면 아기가 되는, 남자의 아기씨입니다. 겉모습이 올챙이처럼 생겨서 꼬리로 움직이며 사정할 때에는 약 3~5억 개 이상이 나옵니다.

**Q 고환에서는 무슨 일을 하나요?**
A 정자와 남성 호르몬을 만드는 일을 하는 고환은 음낭이라는 주머니 안에 들어 있습니다. 좌우 양쪽에 하나씩 있습니다. 이곳에서 만들어진 정자들은 부고환을 지나면서 점점 성숙해 집니다. 고환은 정자를 만드는 중요한 곳이기 때문에 심한 장난을 해서 다치는 일이 없도록 조심해야 합니다.

**Q 정관은 정자와 관련이 있나요?**
A 정관은 양쪽 고환에서 전립선까지 이어지는 길이고, 정자가 지나가는 통로입니다.

**Q 음경이 뭐예요?**
A 음경 속에 있는 요도를 통해서 오줌이나 정액이 밖으로 나갑니다. 정자가 이곳을 통해 밖으로 나가는 것을 사정이라고 하고 사춘기가 되면 몽정이 나타납니다.

아래의 그림 빈칸에 알맞은 이름을 적어봅시다.

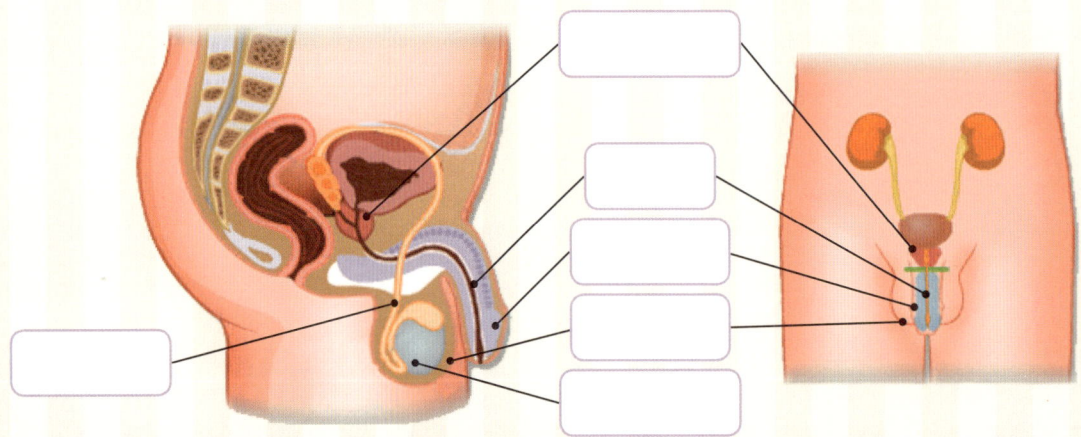

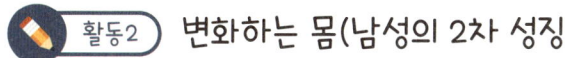

## 활동2  변화하는 몸(남성의 2차 성징)

사춘기가 되어 남성의 몸에 나타나는 2차 성징이 무엇인지 적고, 이러한 변화에 어떻게 준비하거나 대처하면 될지 적어보세요.

**나타나는 변화**

**준비법(또는 대처법)**

**나타나는 변화**

**준비법(또는 대처법)**

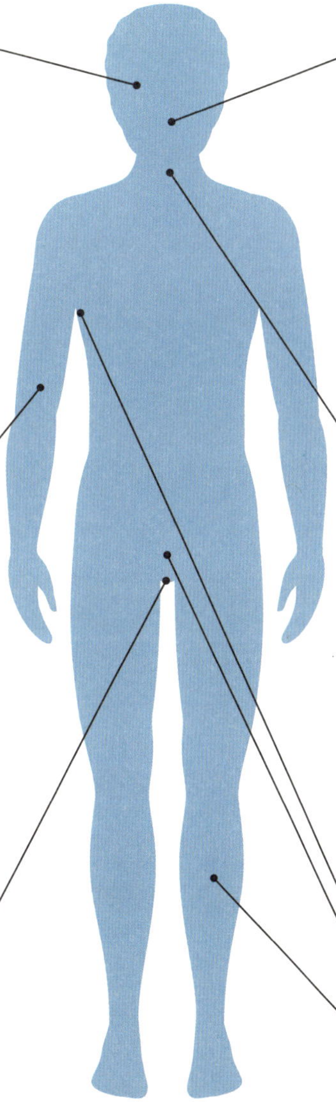

**나타나는 변화**

**준비법(또는 대처법)**

**나타나는 변화**

목젖이 생긴다.
(또는 변성기가 온다.)

**준비법(또는 대처법)**

크게 소리 지르지 않는다.
무리하게 노래를 부르지 않는다.

**나타나는 변화**

사정현상(몽정)이 나타난다.

**준비법(또는 대처법)**

**나타나는 변화**

**준비법(또는 대처법)**

2단원 성 건강관리 잘하기

### 📝 정리   돌아보기

오늘 수업에서 느낀 점과 앞으로의 다짐을 적어봅시다.

---

### ⏳ 평가   학습한 내용 평가해 보기

| 평가 | 질문내용 | 응답 | | |
|---|---|---|---|---|
| 자기평가 | 남성 생식기의 명칭들을 말할 수 있나요? | 우수 | 보통 | 노력 |
| | 남성 생식기의 기능들을 설명할 수 있나요? | 우수 | 보통 | 노력 |
| | 2차 성징으로 인해 나타나는 남성 몸의 변화를 설명할 수 있나요? | 우수 | 보통 | 노력 |
| | 오늘 수업에 적극적으로 참여하였나요? | 우수 | 보통 | 노력 |
| 상호평가 | 반 친구들은 사춘기 남성 몸의 변화에 대해 잘 발표했나요? | 우수 | 보통 | 노력 |
| | 오늘 수업에서 새롭게 알게 된 것 한 가지를 적어봅시다. | | | |
| 종합평가 | 잘한 점 | 보완할 점 | | |

# 06 생식기 건강관리

생식기를 건강하게 관리해요.

 학생용 자료   상황(여학생용)

### 상황 #1 생식기가 가려워요.

예전에는 안그랬는데 요즘 들어 이유를 모르겠는데 생식기가 너무 가렵습니다. 저도 모르게 자꾸 긁게 되고, 수업시간에 생식기에 손이 가있는 저를 보고 깜짝 깜짝 놀랍니다. 생식기가 너무 가려운데 어떻게 해야 할까요? 제가 무슨 병에 걸린 건가요?

### 상황 #2 냉 때문에 신경이 쓰여요.

제가 사춘기가 시작된 다음부터 냉이라는게 너무 많이 나와요. 끈적끈적하고 비릿한 냄새도 나고.. 다른 친구들에게 냄새가 날까봐 두렵습니다. 그래서 매일 매일 비누로 세게 씻는데 좋아지지 않아요. 생리 전에는 더 심한 것 같아 스트레스 입니다. 어떻게 해야 할까요?

### 상황 #3 생리대, 계속 사용해도 될까요?

얼마 전 뉴스에서 생리대가 여성 건강에 해로울 수 있다는 내용을 보았어요. 저도 생리대를 사용할 때 가렵거나 불편한 느낌이 들 때가 많은데 다른 대안이 없어서 그냥 사용하고 있어요. 특히 학교에서는 생리대를 교환하러 화장실에 가는게 불편해서 자주 생리대를 교환하지 않고 참기도 해요. 생리대를 잘 사용하는 방법이 있을까요?

### 상황 #4 I Love 스키니진

저는 체중 감량 후 요즘 매일 자랑스럽게 스키니진을 입고 다니고 있습니다. 그런데 어느 TV 프로에서 스키니진을 입으면 정자가 죽어서 인류가 멸망한다고 나왔는데 여자의 난자는 괜찮은가요? 남자만 해당되는 건가요? 아기를 낳지 못할 수도 있다는데 저도 그렇게 될까봐 걱정이 됩니다.

학생용 자료  **상황(남학생용)**

### 상황 #1  친구들이 자꾸 생식기를 건드려요.

사춘기가 되면서 친구들이 내 생식기를 건드리거나 심한 장난을 자주 해요. 하지 말라고 해도 여러명이 함께 장난을 치기도 해요. 그럴 때 여학생들이 보면 창피하고 수치심이 느껴져요. 이럴 때는 어떻게 해야 하나요?

### 상황 #2  생식기가 가려워요.

예전에는 안 그랬는데 요즘들어 이유 없이 생식기가 너무 가렵습니다. 나도 모르게 자꾸 긁게 되고, 수업시간에 생식기에 손이 가있는 나를 보고 깜짝 놀라기도 합니다. 생식기가 너무 가려운데 어떻게 해야 할까요? 제가 무슨 병에 걸린 건가요?

### 상황 #3  I Love 스키니진

요즘 TV를 보면 스키니진을 입은 남자연예인들이 굉장히 멋있어 보입니다. 그래서 저도 연예인처럼 스키니진을 자주 입는 편입니다. 그런데 어느 TV 프로에서 스키니진을 입으면 정자가 죽어서 인류가 멸망한다고 나왔는데 정말 그런가요? 스키니진을 입으면 정자가 죽어서 아기를 낳지 못하게 될 수 있나요?

### 상황 #4  생식기 보호 중요해요.

학교에서 놀다가 실수로 친구의 생식기를 발로 차게 되었습니다. 그런데 그 친구가 아프다고 데굴데굴 굴러서 보건실로 데리고 갔습니다. 보건선생님은 그 친구를 병원으로 후송하였는데 나중에 알고 보니 고환이 파열되어 응급 수술을 했다고 합니다. 그 친구가 많이 다친 것 같아 걱정이 됩니다. 그 친구는 앞으로 어떻게 되나요?

## 활동1) 상황별 문제 분석 및 토의하기

1. 각자 모둠에서 받은 상황을 읽어본다.
2. 문제 상황에 밑줄을 그어 문제점을 파악한다.
3. 전지에 표를 그린다.
4. 각 항목에 맞춰 문제 해결을 위한 의견을 적는다.
5. 활동이 끝나면 모둠별로 발표한다.

### 상황별 제목

| 문제가 되는 증상 및 상황 | 해결하기 위한 방법 | 예방법 |
|---|---|---|
| · 문제라고 생각하는 증상을 찾아 모두 적어봅시다.<br>· 상황에 없더라도 증상을 일으킬 수 있는 원인(행동)이 될 수 있는 것을 모두 적어봅시다. | · 다양한 해결방법을 적어봅시다.<br>　– 스스로 해결<br>　– 전문기관을 통한 도움<br>　– 민간요법 등 | · 생식기 문제가 일어나지 않도록 하는 생식기 위생 관리법에 대해 적어봅시다. |

## 활동2) 발표를 기록하자

다른 모둠의 발표를 잘 듣고, 궁금하거나 꼭 기억해 두고 싶은 내용을 기록해 봅시다.

### ▌상황

| • 궁금한 내용 | • 기억해 두고 싶은 내용 |
|---|---|
|  |  |

### ▌상황

| • 궁금한 내용 | • 기억해 두고 싶은 내용 |
|---|---|
|  |  |

### ▌상황

| • 궁금한 내용 | • 기억해 두고 싶은 내용 |
|---|---|
|  |  |

| 게시용 자료 | **건강요가 (여학생용)**

### 비틀기 자세

1. 상체를 오른쪽으로 돌려 오른손은 허리 뒤쪽, 왼손은 오른쪽 앞에 가볍게 놓는다.
2. 숨을 깊게 마시며 허리를 곧게 세우고, 숨을 천천히 내쉬면서 고개를 최대한 뒤로 돌린다.
3. 숨을 천천히 마시면서 고개를 원래 자리로 돌린다.
4. 반대쪽도 실시한다.

### 허리 이완 자세

1. 무릎을 붙이고 숨을 마시며, 허리를 곧게 세우고 가슴을 연다.
2. 숨을 천천히 내쉬면서 허리를 구부리며 상체를 다리쪽으로 내린다.
3. 머리를 무릎 아래로 내리고, 힘을 뺀 후 잠시 그 자세를 유지한다. 이 때 어깨, 팔의 힘을 빼준다.
4. 숨을 마시면서 머리, 가슴, 배 순서로 일어난다.
   (척추 마디마디가 차례로 일어나는 느낌으로)

 **학습한 내용 평가해 보기**

| 평가 | 질문내용 | 응답 | | |
|---|---|---|---|---|
| 자기평가 | 생식기의 위생적 관리에 대해 설명할 수 있나요? | 우수 | 보통 | 노력 |
| | 생식기 문제가 되는 행동과 증상을 설명할 수 있나요? | 우수 | 보통 | 노력 |
| | 생식기 문제가 생겼을 때 해결하는 방법을 설명할 수 있나요? | 우수 | 보통 | 노력 |
| | 오늘 수업에 적극적으로 참여하였나요? | 우수 | 보통 | 노력 |
| 상호평가 | 우리 모둠은 문제 해결 의견을 자유롭게 표현했나요? | 우수 | 보통 | 노력 |
| | 생식기 건강관리법을 가장 잘 발표한 모둠은 어디인가요? | | | |
| | 오늘 수업에서 새롭게 알게 된 것 한 가지를 적어봅시다. | | | |
| 종합평가 | 잘한 점 | | 보완할 점 | |

## 07 아기의 탄생

수정과 태아 성장 과정을 말할 수 있어요.

**생각해보기** OX게임 - 아기는 어떻게 태어나나요?

| 질 문 | O, X |
|---|---|
| 1. 아빠와 엄마가 뽀뽀를 하면 아기가 생겨요. | |
| 2. 아빠의 정자와 엄마의 난자가 만나서 아기가 생겨요. | |
| 3. 아기는 엄마 배꼽에서 태어나요. | |
| 4. 정자가 엄마의 몸속으로 들어가야 돼요. | |
| 5. 태아는 엄마 배속에서 너무 좁아서 움직이지 못 해요. | |
| 6. 태아는 물로 가득 찬 엄마 배속에서 보호받고 자라요. | |
| 7. 태아가 엄마 배속에서 처음 생길 때는 점만큼 작아요. | |
| 8. 태아는 엄마 배속에서 8달 동안 자라다가 세상 밖으로 나와요. | |

**활동2** 동영상 학습 후 소감 나누기

수정 과정과 태아의 성장 과정에 관한 동영상을 본 소감을 적어봅시다.

.....................................................................................................................
.....................................................................................................................
.....................................................................................................................
.....................................................................................................................

 **활동3** 미래의 나의 가족 모습 생각해 보기

1. 미래의 나의 가족은 어떤 모습일까요? 다음의 빈 칸에 미래의 가족 모습을 그리고 예쁘게 꾸며봅시다.

2. 미래에 나의 아기가 태어나는 순간 우리 가족에게 해 주고 싶은 말을 적어보세요.

## 정리 ) 돌아보기

오늘 수업에서 느낀 점과 앞으로의 다짐을 적어봅시다.

## 평가 ) 학습한 내용 평가해 보기

| 평가 | 질문내용 | 응답 | | |
|---|---|---|---|---|
| 자기평가 | 수정과정을 설명할 수 있나요? | 우수 | 보통 | 노력 |
| | 태아의 성장과정을 설명할 수 있나요? | 우수 | 보통 | 노력 |
| | 임신기간을 말할 수 있나요? | 우수 | 보통 | 노력 |
| | 오늘 수업에 적극적으로 참여하였나요? | 우수 | 보통 | 노력 |
| 상호평가 | 반 친구들은 미래의 가족 모습에 대해 자유롭게 표현했나요? | 우수 | 보통 | 노력 |
| | 오늘 수업에서 새롭게 알게 된 것 한 가지를 적어봅시다. | | | |
| 종합평가 | 잘한 점 | 보완할 점 | | |

## 가정에 보내는 편지

 학부모님께

사춘기의 학생들이 겪는 당혹감의 주요 원인은 내 몸에 일어나는 변화로 호르몬의 분비로 인한 2차 성징이 나타나기 때문입니다. 2차 성징의 발현을 통해 남자다운 몸, 여자다운 몸으로 남자와 여자가 서로 다른 신체 발달을 하게 됩니다. 이 시기의 학생들에게는 남자와 여자를 구분 짓게 하는 생식기의 구조와 기능 등을 앎으로써 남자와 여자의 신체적 차이를 이해하는 것이 중요합니다. 또한 남자로서, 여자로서 겪게 되는 신체 변화 과정을 앎으로써 자기 몸의 성적 성숙에 대해 이해하고 앞으로 일어나는 사춘기 변화에 대해서도 잘 준비할 수 있습니다.

이번 시간 학습한 내용은 "성 건강관리 잘하기"입니다. 이번 수업을 통해 남녀 생식기의 구조와 기능에 대해 배우고, 사춘기 2차 성징으로 나타날 수 있는 몸의 변화 과정에 대해 배웠습니다. 또한, 이 시기의 생식기와 관련해 나타날 수 있는 일상 생활에서의 문제들에 대해 친구들과 토의하면서 건강하고 위생적으로 생식기를 관리하는 방법에 대해서 생각해 보는 시간을 가졌습니다. 성적 호기심이 많이 생기는 사춘기를 겪게 되는 우리 학생들은 남녀 생식기관의 성숙을 자연스럽게 받아들이고, 생명을 만들고 키우는 생리현상을 과학적으로 이해하여 건강한 부모가 되는 것에 대해 생각해 보는 기회를 가졌습니다.

남녀의 성은 사랑뿐 아니라 생명에 대한 책임이 따르므로 우리 자녀들이 성에 대한 올바른 지식, 태도, 가치관을 가질 수 있도록 가정에서도 자녀의 신체 변화에 관심을 가지고 열린 대화의 기회를 많이 만드시기를 당부 드립니다. 특히, 이 수업에서 다룬 생식기 건강관리와 관련된 상황들을 자녀와 함께 읽어보시고, 관련 증상의 원인, 해결방법, 예방법 등을 이야기 해 보는 시간을 가지시기 바랍니다. 이러한 시간을 통해 자녀의 사춘기 신체 변화를 좀 더 잘 이해하고, 자녀가 겪을 수 있는 성 건강 관련 문제들이 무엇이고 어떤 도움을 주실 수 있을지에 대한 현실적인 팁을 얻으실 수 있을 것입니다.

사춘기의 '성'이 가정에서 더 이상 말하기 어색하거나 어려운 주제가 아닌 우리 자녀의 성장 과정에서의 자연스러운 대화 주제가 되기를 바랍니다.

감사합니다.

# 3단원

## 톡톡(talk talk) 관계맺기 잘하기

- ⑧ 남녀 성 심리 차이
- ⑨ 올바른 성 건강정보 활용하기
- ⑩ 바람직한 의사결정
- ⑪ 성 평등 세상

▶ 가정에 보내는 편지

# 08 남녀 성 심리 차이

남녀의 성 심리 차이를 말할 수 있어요.

 **활동1** 남녀 성 심리 차이에 대해 토의하기

1. 남자 모둠, 여자 모둠으로 나눈다.
2. 남자 모둠 : (미래의) 내 여자 친구 이럴 때 좋다 / 싫다
3. 여자 모둠 : (미래의) 내 남자 친구 이럴 때 좋다 / 싫다
4. 색지를 반으로 접어 한쪽 면에 좋은 점, 다른쪽 면에 싫은 점을 쓴다.

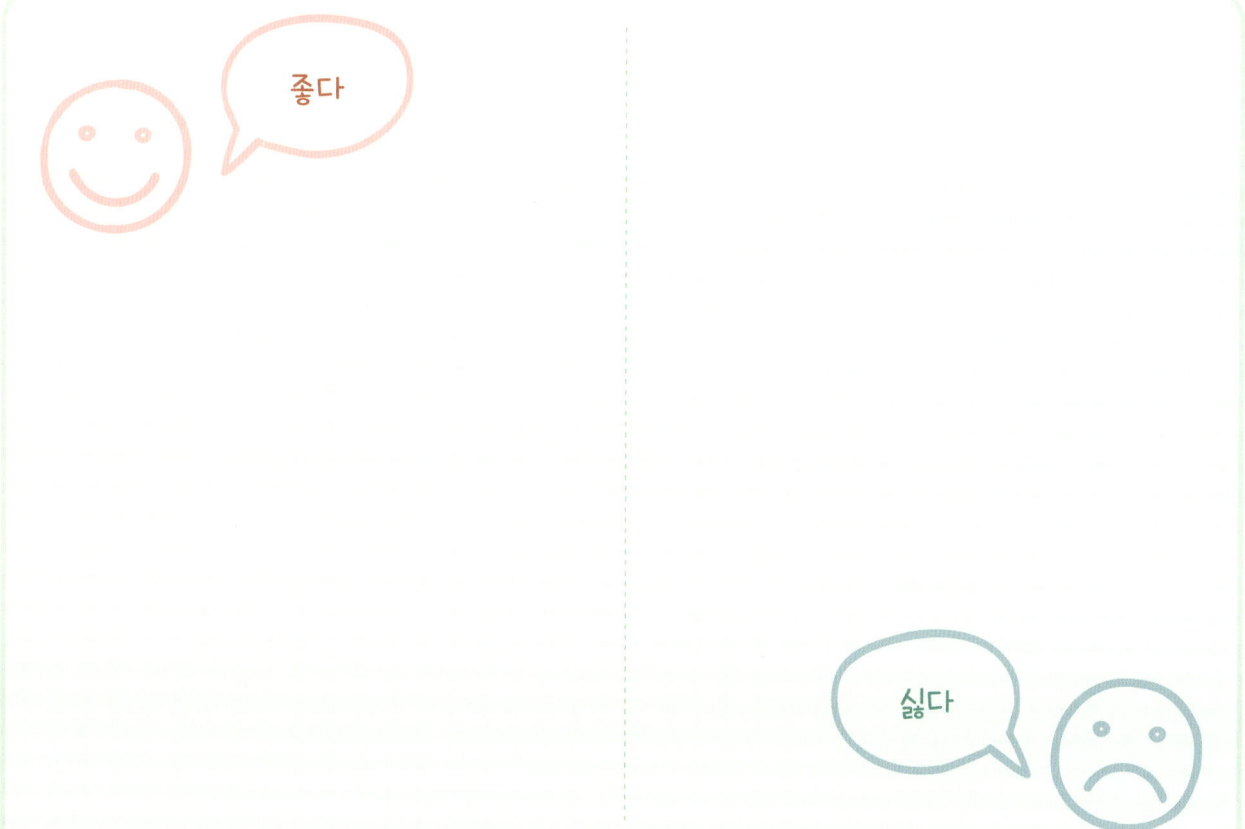

3단원 톡톡(talk talk) 관계맺기 잘하기

## 평가 | 학습한 내용 평가해 보기

| 평가 | 질문내용 | 응답 | | |
|---|---|---|---|---|
| 자기평가 | 남녀 성 심리 차이에 대해 설명할 수 있나요? | 우수 | 보통 | 노력 |
| | 건전한 이성 교제 시 정확한 자기 의사표현을 할 수 있나요? | 우수 | 보통 | 노력 |
| | 오늘 수업에 적극적으로 참여하였나요? | 우수 | 보통 | 노력 |
| 상호평가 | 우리 모둠은 남녀 성 심리 차이에 대해 토의한 내용을 색지에 잘 표현 했나요? | 우수 | 보통 | 노력 |
| | 남녀의 공통된 / 상반된 특징을 가장 잘 제시한 모둠은 어디인가요? | | | |
| | 오늘 수업에서 새롭게 알게 된 것 한 가지를 적어봅시다. | | | |
| 종합평가 | 잘한 점 | 보완할 점 | | |

## 09 올바른 성 건강정보 활용하기

성 건강정보를 얻을 수 있는 여러 가지 정보원을 말할 수 있어요.

 정보원 연상하기

1. '정보원'이라는 단어가 주는 이미지, 느낌, 키워드 등을 정리한다.
2. 정리한 내용을 모둠원과 이야기해 본다.

- 헬프콜청소년전화(1388 또는 110)  https://www.cyber1388.kr:447/new_/main/main.asp
- 서울시청소년상담복지센터(1388)  http://www.teen1318.or.kr/
- 안전Dream 아동·여성·장애인 경찰지원센터 – 학교폭력신고센터(117)  http://www.safe182.go.kr/index.do?main=117
- 또래상담(1388)  http://www.peer.or.kr/default.asp
- EBS 교육방송  http://www.ebs.co.kr/

 **활동2** 정보원의 장점과 단점에 대해 토의하기

'이럴 때 어떻게 하지?' 카드의 키워드(몸의 변화, 마음의 변화, 이성에 대해)를 적고 아래 표를 작성해 봅시다.

🔍 키워드

|   | 정보원 | 장점 | 단점 | 이 정보원을 잘 활용하기 위해서는 |
|---|---|---|---|---|
| 예 | 보건 선생님 | • 비밀을 지켜줄 것 같다.<br>• 친절하게 가르쳐 준다.<br>• 이야기를 잘 들어줄 것 같다.<br>• 정확한 정보를 줄 것 같다.<br>• 전문가일 것 같다. | • 말하기 부끄럽다.<br>• 보건실에 간 것을 다른 애들이 알까 봐 싫다.<br>• 담임 선생님께 말할 것 같다.<br>• 집으로 전화하실 것 같다. | • 친구와 함께 보건실에 간다.<br>• 상담일을 예약한다.<br>• 메일로 궁금한 것을 여쭤본다.<br>• 성교육 수업시간에 질문한다. |
| 1 | | | | |
| 2 | | | | |
| 3 | | | | |

> 학생용 자료  '이럴 때 어떻게 하지?' 카드 (남학생용)

## 남학생용 카드 A

 키워드  남자의 몸의 변화

저는 초등학교 6학년 남자입니다.
주변 친구들은 점점 목소리도 변하고 몸에 근육도 생겨 커 가는데 저는 아직 별로 변한 것이 없습니다.
제 몸이 앞으로 어떻게 성장해 가는지 알고 싶습니다.

변성기 등 남자 몸의 성장에 대해 알고 싶다. 어디에서, 누구에게 정보를 얻을 수 있을까?

## 남학생용 카드 B

 키워드  마음의 변화

저는 초등학교 6학년 남자입니다.
얼마 전 부모님께 공부에 관한 일로 야단을 맞았습니다. 제가 잘못한 것은 알지만
반항심이 생겨 심한 말을 하고 말았습니다. 전에는 이러지 않았었는데…
사춘기가 되면 마음에 어떤 변화가 생기는 걸까요?

반항기 등 사춘기의 마음 변화에 대해 알고 싶다. 어디에서, 누구에게 정보를 얻을 수 있을까?

## 남학생용 카드 C

 키워드  이성에 대해

저는 초등학교 6학년 남자입니다.
좋아하는 여자아이가 생겼습니다. 반이 달라서 저에 대해 잘 모를 겁니다. 말을 걸고 싶지만
용기가 나질 않습니다. 시험도 가까워지는데 매일 그 여자아이 생각에 공부도 안됩니다.
이런 상황을 어떻게 하면 좋을지 모르겠습니다.

좋아하는 사람이 생겼을 때 일어나는 여러 가지 상황을 어떻게 해결할 수 있는지 알고 싶다.
어디에서, 누구에게 정보를 얻을 수 있을까?

> 학생용 자료    '이럴 때 어떻게 하지?' 카드 (여학생용)

### 여학생용 카드 A

 **키워드** 여자의 몸의 변화

저는 초등학교 6학년 여자입니다.
주변 친구들은 하나 둘씩 초경을 시작했지만 저는 아직입니다.
체격은 보통인데 왜 친구들 보다 늦을까요? 제 몸이 앞으로 어떻게 성장하는지 알고 싶습니다.

초경 등 여자 몸의 성장에 대해 알고 싶다. 어디에서, 누구에게 정보를 얻을 수 있을까?

### 여학생용 카드 B

 **키워드** 마음의 변화

저는 초등학교 6학년 여자입니다.
요즘 자꾸 반항적으로 변해갑니다. 지난번에는 선생님에게도 대들다가 혼이 났습니다.
전에는 이러지 않았었는데…
사춘기가 되면 마음에 어떤 변화가 생기는 걸까요?

반항기 등 사춘기의 마음 변화에 대해 알고 싶다. 어디에서, 누구에게 정보를 얻을 수 있을까?

### 여학생용 카드 C

 **키워드** 이성에 대해

저는 초등학교 6학년 여자입니다.
좋아하는 남자아이가 있습니다. 계속 사이가 좋았는데 최근 다른 반의 여자아이와
즐겁게 이야기를 하다가 저를 보고 피하듯이 멀리 가는 것을 보았습니다.
슬프기도 하고 화가 나기도 하고… 제 마음을 어떻게 하면 좋을지 모르겠습니다.

좋아하는 사람이 생겼을 때 일어나는 여러 가지 상황을 어떻게 해결할 수 있는지 알고 싶다.
어디에서, 누구에게 정보를 얻을 수 있을까?

## 정리 돌아보기

1. 사춘기 몸과 마음에 관한 정보를 어디에서 얻을 수 있는지 알게 되었습니까?
   ① 잘 알았다(   )   ② 조금 알 것 같다(   )   ③ 잘 모르겠다(   )   ④ 전혀 모르겠다(   )


2. 각각의 정보원에는 장점과 단점이 있다는 것을 알게 되었습니까?
   ① 잘 알았다(   )   ② 조금 알 것 같다(   )   ③ 잘 모르겠다(   )   ④ 전혀 모르겠다(   )


3. 친구가 몸이나 마음의 변화에 대해 고민할 때 어떤 조언을 해 주겠습니까?
   오늘 학습한 내용을 생각하며 적어보세요.

   _____
   _____
   _____
   _____


4. 앞으로 자신이 몸이나 마음의 변화로 걱정이 생긴다면 어떻게 하겠습니까?
   오늘 학습한 내용 중에서 자신에게 적용할 방법을 적어보세요.

   _____
   _____
   _____
   _____

## 평가 | 학습한 내용 평가해 보기

| 평가 | 질문내용 | 응답 | | |
|---|---|---|---|---|
| 자기평가 | '정보원'이라는 단어에 대해 설명할 수 있나요? | 우수 | 보통 | 노력 |
| | 정보원의 장점을 설명할 수 있나요? | 우수 | 보통 | 노력 |
| | 정보원의 단점을 설명할 수 있나요? | 우수 | 보통 | 노력 |
| | 오늘 수업에 적극적으로 참여하였나요? | 우수 | 보통 | 노력 |
| 상호평가 | 우리 모둠은 '상황별 정보원'의 장단점과 활용방안을 잘 토론하였나요? | 우수 | 보통 | 노력 |
| | 발표를 가장 잘 한 모둠은 어디인가요? | | | |
| | 오늘 수업에서 새롭게 알게 된 것 한 가지를 적어봅시다. | | | |
| 종합평가 | 잘한 점 | | 보완할 점 | |

# 10. 바람직한 의사결정

이성과의 인간관계에서 의사결정을 잘 할 수 있어요.

 의사결정의 기본 단계

### 1단계
- 무엇이 문제인지 상황을 명확히 인식하고, 결정할 일이 무엇인지 확인한다.

### 2단계
- 어떤 해결방법들이 있을지 생각한다.
- 그 선택을 했을 때 어떤 결과가 있을지 생각한다.

### 3단계
- 가장 좋다고 생각하는 것으로 결정한다.

활동2  **남녀의 인간관계**

아래 상황에서 '예상되는 결과'와 '여러분의 선택'을 적어봅시다.

**상 황**  같은 반 이성 친구에게 사귀자는 고백을 받았다. 지금까지 그런 식으로 생각해 본 적도 없었는데... 드라마나 만화에 나오는 것처럼 이성친구를 사귀어 보고 싶다고 생각했었다.

✓ 반드시 정해야 할 것

| ✓ 어떤 해결방법이 있을까? | 예상되는 결과 ||
|---|---|---|
|  | 좋은 점 | 나쁜 점 |
|  |  |  |
|  |  |  |
|  |  |  |

✓ 제일 좋다고 생각한 선택과 그 이유

친구의 의견 중 좋다고 생각한 의견을 적어 봅시다.

 학습한 내용 평가해 보기

| 평가 | 질문내용 | 응답 | | |
|---|---|---|---|---|
| 자기평가 | 의사결정이 무엇인지 설명할 수 있나요? | 우수 | 보통 | 노력 |
| | 의사결정 기본 단계(3가지)를 정확히 설명할 수 있나요? | 우수 | 보통 | 노력 |
| | 오늘 수업에 적극적으로 참여하였나요? | 우수 | 보통 | 노력 |
| 상호평가 | 우리 모둠은 의사결정 기본 단계에 따라 해결방법과 예상 결과를 활발히 토론하였나요? | 우수 | 보통 | 노력 |
| | 토론하고 의견을 정리하여 발표를 가장 잘한 모둠은 어디인가요? | | | |
| | 오늘 수업에서 새롭게 알게 된 것 한 가지를 적어봅시다. | | | |
| 종합평가 | 잘한 점 | 보완할 점 | | |

# 11. 성 평등 세상

성 평등 세상 우리가 만들어가요.

 **활동1** 개념 찾기

다음 왼쪽 박스 안의 글을 읽고 알맞은 개념을 찾아 써보세요.

| 성 차이 | 성 차별 | 성 평등 |

| 내용 | 개념 |
|---|---|
| 남자는 아이를 낳을 수 없고 여자는 아이를 낳을 수 있다. | 성 차이 |
| 간호사는 여자가 해야 한다. | |
| 남자 혹은 여자라는 이유로 차별받지 않고 남녀 똑같이 대우받는 것을 말한다. | |
| 소변을 볼 때 여자는 앉아서, 남자는 서서 본다. | |
| 남자 목소리는 여자보다 굵다. | |
| 여자는 무조건 조신해야 한다. | |
| 남자가 쉽게 울면 안 된다. | |
| 남자로 태어났건 여자로 태어났건 자기 능력껏 재능을 펼칠 수 있다. | |
| 남녀는 신체적, 심리적으로 차이는 있으나 다 똑같이 중요한 사람이다. | |

 **활동2** 성 차별 경험에 대한 마인드맵 만들기

1. "성 차별"이라는 주제를 중앙에 적고 연상되는 단어나 글을 적습니다.
2. 앞에서 적은 단어나 글에서 이어서 생각나는 단어나 글을 적습니다.
3. 가정에서 경험한 것, 학교에서 경험한 것, 다른 사람들에게 들은 것, 텔레비전에서 본 내용 등을 활용합니다.
4. 본인이 경험하지 않아도 주변에서 본 것을 적어도 됩니다.

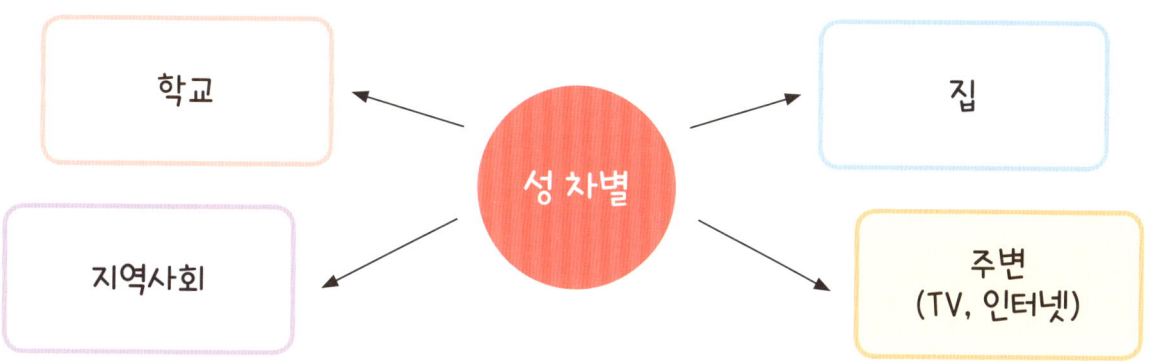

### 성 평등한 말로 바꾸어 표현해 보기

마인드맵에서 나온 성 차별적 내용을 성 평등한 말로 바꾸어 표현해 봅시다.

| 번호 | 성 차별적 내용 | 성 평등한 말로 바꾸어 보자 |
|---|---|---|
| 예 | 사내가 왜이리 겁이 많니? | 우리 같이 담력을 키워보자<br>많이 무서웠구나... 내가 함께 있어 줄게. |
| 1 | | |
| 2 | | |
| 3 | | |
| 4 | | |
| 5 | | |

3단원 톡톡(talk talk) 관계맺기 잘하기

### 활동3) 성 평등 실천 방법

학급에서 성 평등을 실천하는 방법을 작성해 봅시다.

_____

_____

_____

### 정리) 돌아보기

수업 후 느낀 점을 적어봅시다.

_____

_____

_____

### 평가) 학습한 내용 평가해 보기

| 평가 | 질문내용 | 응답 | | |
|---|---|---|---|---|
| 자기평가 | 성 차이에 대해 설명할 수 있나요? | 우수 | 보통 | 노력 |
| | 성 차별에 대해 설명할 수 있나요? | 우수 | 보통 | 노력 |
| | 성 평등을 설명할 수 있나요? | 우수 | 보통 | 노력 |
| | 우리 반에서 성 평등을 실천할 수 있나요? | 우수 | 보통 | 노력 |
| | 오늘 수업에 적극적으로 참여하였나요? | 우수 | 보통 | 노력 |
| 상호평가 | 우리 모둠은 마인드맵을 잘 표현하였나요? | 우수 | 보통 | 노력 |
| | 성 평등을 잘 실천할 것 같은 모둠은 어디인가요? | | | |
| | 오늘 수업에서 새롭게 알게 된 것 한 가지를 적어봅시다. | | | |
| 종합평가 | 잘한 점 | | 보완할 점 | |

 학부모님께

이번 시간 우리 학생들은 "톡톡(talk talk) 관계 맺기 잘하기" 수업을 통해 올바른 의사소통과 의사결정 방법을 배웠습니다. 특히, 이성에 대한 호기심이 생기기 시작하는 10대 초반의 학생들에게 남녀의 심리특성을 생각해 보는 기회를 가지면서 활동수업을 통해 남녀의 심리는 어떤 부분이 비슷하고 또 어떤 부분이 다른지 서로를 이해하는 시간을 가졌습니다. 이성에 대한 이해는 이성교제 시 발생할 수 있는 여러 문제를 슬기롭게 해결하는 데 있어 든든한 밑거름이 될 것입니다.

또한, 실제 우리 학생들이 주위에서 겪을 수 있는 상황을 기반으로 바람직한 의사결정을 내리는 과정을 연습해 봄으로써 자신의 결정이 어떤 결과를 가져올지, 결정을 내리는데 어떤 방법을 써야 하는지, 누구에게 혹은 어디에서 도움(정보)을 얻을 수 있는지 등을 학습하였습니다. 이렇게 체험을 통해 학습한 내용은 학생들이 실제 학교 밖에서 비슷한 상황을 경험하였을 때 실질적인 도움이 될 것입니다.

이번 수업을 통해 학생들이 학습한 이성에 대한 이해를 바탕으로 가정에서도 서로의 인격을 존중하는 인간관계를 맺을 수 있도록 지도하여 주시기 바랍니다. 가정에서도 남녀의 성 차이를 인정하고 성 차별적인 말이나 행동을 하지 않도록 지도해 주시고, 부모님께서도 무의식적으로 성 차별적인 발언이나 행동을 하고 있지는 않은지 자녀와 점검해 보시는 것도 많은 도움이 될 것입니다.

감사합니다.

# 4단원

## 자기주장 잘하기

- ⑫ 건전한 이성교제
- ⑬ 위험행동 예측하기
- ⑭ 유혹 거절하기

▶ 가정에 보내는 편지

# 12. 건전한 이성교제

건전한 이성교제를 할 수 있어요.

 **활동1** 스킨십에 대한 그래프 보고 생각해 보기

초등학교 5~6학년 학생들에게 물었습니다.

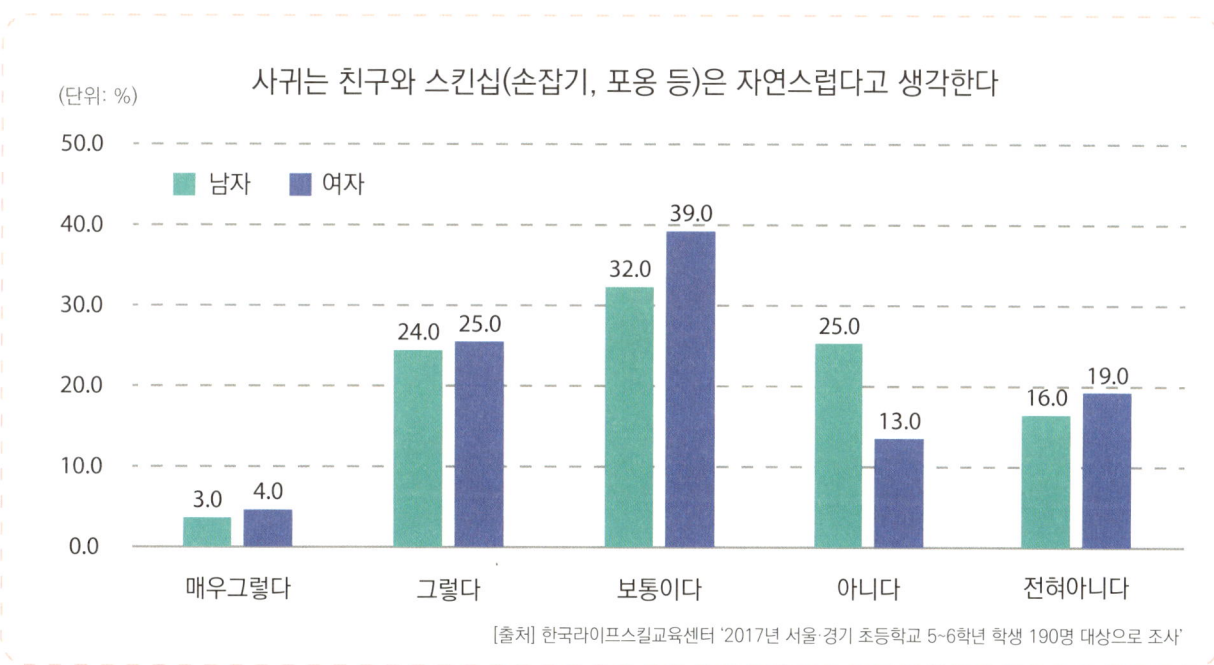

사귀는 친구와 스킨십(손잡기, 포옹 등)은 자연스럽다고 생각한다

(단위: %)

| | 매우그렇다 | 그렇다 | 보통이다 | 아니다 | 전혀아니다 |
|---|---|---|---|---|---|
| 남자 | 3.0 | 24.0 | 32.0 | 25.0 | 16.0 |
| 여자 | 4.0 | 25.0 | 39.0 | 13.0 | 19.0 |

[출처] 한국라이프스킬교육센터 '2017년 서울·경기 초등학교 5~6학년 학생 190명 대상으로 조사'

위의 그래프를 보고 느낀 점이나 생각한 점을 적어봅시다.

---
---
---
---

### 활동2  브레인스토밍

1. 떠오르는 아이디어를 포스트잇에 적고 붙인다.
2. 다른 친구의 아이디어를 참고하면서 더 좋은 아이디어를 낸다.
3. 다른 친구의 아이디어에 대해 비판이나 칭찬, 의견을 덧붙이지 않는다.
4. 비슷한 아이디어끼리 묶고 제목을 붙인다.
5. 모둠별로 간단히 발표한다.

**브레인스토밍 1**
'이성교제 중 성적 접촉으로 일어날 수 있는 일'에는 무엇이 있을까요?
(몸에 관한 일, 마음에 관한 일, 친구나 가족 등과 관련한 일 등)

**브레인스토밍 2**
성적 접촉 이외의 애정표현 방법, 즉 서로를 소중하게 생각하는 이성교제의 방법에는 무엇이 있을까요?

### 정리  돌아보기

수업 후 느낀 점을 적어봅시다.

---
---
---
---
---
---
---

 학습한 내용 평가해 보기

| 평가 | 질문내용 | 응답 | | |
|---|---|---|---|---|
| 자기평가 | 성적 접촉에 대해 자신의 생각을 표현할 수 있나요? | 우수 | 보통 | 노력 |
| | 건전한 이성교제 방법을 발표할 수 있나요? | 우수 | 보통 | 노력 |
| | 오늘 수업에 적극적으로 참여하였나요? | 우수 | 보통 | 노력 |
| 상호평가 | 우리 모둠은 성적 접촉으로 인해 생길 수 있는 상황에 대한 토의에서 자신의 의견을 적극적으로 표현하였나요? | 우수 | 보통 | 노력 |
| | 브레인스토밍을 통해 의견을 가장 많이 제시한 모둠은 어디인가요? | | | |
| | 오늘 수업에서 한 브레인스토밍의 좋은 점 한 가지를 적어봅시다. | | | |
| 종합평가 | 잘한 점 | 보완할 점 | | |

# 13 위험행동 예측하기

위험행동을 피할 수 있어요.

 **학생용 자료** 어떤 상황이 생길까요?

### ✓ 상황 1
친구가 수업 끝나고 놀자고 한다. 장소는 A군의 집. 부모님이 여행으로 집에 없어서 맘껏 놀 수 있다고 한다. 멤버는 남자 3명, 여자 3명이 모이기로 했다.

### ✓ 상황 2
학원에서 알게 된 선배(이성)가 둘이서 맛있는 것을 먹으러 가자고 한다. 그 선배랑은 평소에 친하지 않지만 잘 노는 선배로 아주 유명하다. 부모님이 허락하지 않을 것 같은데... 거절하고 싶지않다. 일단 내일 학원 끝나고 만나기로 했다.

 위험행동과 그 영향 예측하기

| | 상황과 위험도 평가 | | 어떤 일이 일어날지 예측하기 | 친구의 발표 내용 | 재평가와 그 이유 |
|---|---|---|---|---|---|
| 1 | • 수업 끝나고 놀기<br>• A군의 집에서 모임<br>• A군 가족은 여행으로 집에 없음<br>• 멤버는 남자 3명, 여자 3명 | 5<br>4<br>3<br>2<br>1 | | | 5<br>4<br>3<br>2<br>1 |
| 2 | • 학원에서 중학생 선배를 알게 됨<br>• 선배는 유명한 사람<br>• 선배와 둘이서 만날 예정 | 5<br>4<br>3<br>2<br>1 | | | 5<br>4<br>3<br>2<br>1 |

 돌아보기

오늘 배운 내용에 대한 나의 느낌이나 생각을 적어봅시다.

---

## 평가  학습한 내용 평가해 보기

| 평가 | 질문내용 | 응답 | | |
|---|---|---|---|---|
| 자기평가 | 위험행동이 무엇인지 말할 수 있나요? | 우수 | 보통 | 노력 |
| | 위험행동에 따른 문제를 예측하여 설명할 수 있나요? | 우수 | 보통 | 노력 |
| | 오늘 수업에 적극적으로 참여하였나요? | 우수 | 보통 | 노력 |
| 상호평가 | 우리반 학생들은 위험행동으로 일어날 수 있는 일에 대해 자신의 의견을 적극적으로 표현하였나요? | 우수 | 보통 | 노력 |
| | 오늘 수업에서 새롭게 알게 된 것 한 가지를 적어봅시다. | | | |
| 종합평가 | 잘한 점 | 보완할 점 | | |

# 14. 유혹 거절하기

*자기주장을 잘 할 수 있어요.*

 **학생용 자료** 자기주장적 커뮤니케이션스킬을 사용하여 거절하기

### 언어적 커뮤니케이션

| | |
|---|---|
| 1. 솔직하게 자신의 기분을 전달한다. | "미안, 그건 싫다"<br>"나 그런 거 잘 못해. 그만 둘래" |
| 2. 이유를 확실하게 이야기한다. | "그런 것은 몸에 좋지 않아서 안 하려고 하고 있어" |
| 3. 화제를 바꾸고 대안을 제시한다. | "그것보다 학교에서 같이 공부하자" |
| 4. 관련 법이나 다른 사람의 힘을 빌린다. | "안 돼. 그건 법으로 금지된 거야"<br>"엄마가 싫어해서 안 될 것 같아" |
| 5. 상대방을 이해하거나 걱정한다. | "너의 마음은 이해하지만 안 하는 것이 좋을 것 같아" |
| 6. 경우에 따라서는… | 자신의 힘으로 해결할 수 없을 경우, 그 상황을 피하는 것도 하나의 방법이다. |

### 비언어적 커뮤니케이션

| | |
|---|---|
| 1. 목소리의 크기나 톤 | 자신감을 가지고 명확하게 이야기한다. |
| 2. 시선 | 상대방을 쳐다보면서 이야기한다. |
| 3. 표정이나 몸짓 | 전하려는 말을 강하고 명확한 표정이나 몸짓으로 표현한다. |
| 4. 적절한 거리 | 상대방과의 적절한 거리를 유지하면서 이야기한다. |

 **활동2** 자기주장적 커뮤니케이션스킬을 활용하여 대본 작성하기

A와 저는 초등학교 때부터 친하게 지내는 친구입니다. 지금도 서로 호감을 가지고 있는 사이입니다.
어느 날 A가 저에게 같이 공부를 하자고 했습니다.
"오늘 우리 집에 안 올래? 부모님이 여행 가셔서 집에 아무도 없어"
같이 있고 싶지만 '가도 괜찮을까?' 하는 마음이 생깁니다.

좋아하는 이성 A의 유혹을 잘 거절하기 위해서는 어떻게 하면 좋을까요?

A : 오늘 우리 집에 안 올래? 부모님이 여행 가서 아무도 없어

나 :
------
------
------
------

A : 한 시간만 같이 공부하자.

나 :
------
------
------
------

A : 힘들게 용기를 내서 말한건데... 같이 있기 싫어?

나 :
------
------
------
------

4단원 자기주장 잘하기

## 활동4) 역할극 연습하고 평가하기

**역할극 순서**

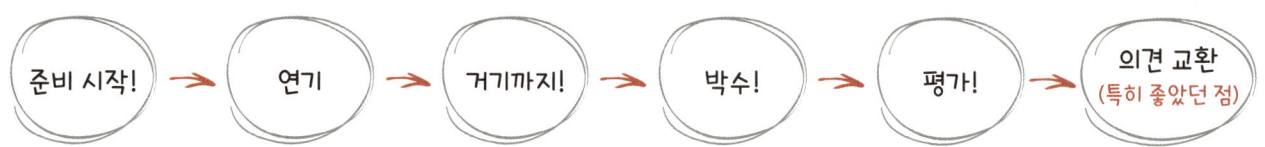

| 평가 | □ 아주 좋았다. | ○ 좋았다. | △ 조금만 수정하면 더 좋아질 것이다. |
|---|---|---|---|

| 평가 항목 | 거절 역할 연기자 이름 | | | | |
|---|---|---|---|---|---|
| | 1: | 2: | 3: | 4: | 5: |
| 1. 대사 내용 | | | | | |
| 2. 목소리 크기나 톤 | | | | | |
| 3. 표정이나 몸짓 | | | | | |
| 4. 그 외 좋았던 점 | | | | | |

## 정리 돌아보기

1. 직접 연기를 해 보고 나서 느낀 점을 적어주세요.

   ----------------------------------------------------------------
   ----------------------------------------------------------------
   ----------------------------------------------------------------
   ----------------------------------------------------------------

2. 친구의 연기를 보고 느낀 점을 적어주세요.

   ----------------------------------------------------------------
   ----------------------------------------------------------------
   ----------------------------------------------------------------
   ----------------------------------------------------------------

3. 오늘 학습한 내용을 다양한 상황에서 어떻게 활용할 수 있을까요?

   ----------------------------------------------------------------
   ----------------------------------------------------------------
   ----------------------------------------------------------------
   ----------------------------------------------------------------

 **평가** 학습한 내용 평가해 보기

| 평가 | 질문내용 | 응답 | | |
|---|---|---|---|---|
| 자기평가 | 자기주장적 커뮤니케이션스킬에 대해 설명할 수 있나요? | 우수 | 보통 | 노력 |
| | 역할극을 통해 거절기술을 시범보일 수 있나요? | 우수 | 보통 | 노력 |
| | 위험한 유혹이 있다면, NO라고 언어적/비언어적 표현을 사용하여 거절할 수 있나요? | 우수 | 보통 | 노력 |
| | 오늘 수업에 적극적으로 참여하였나요? | 우수 | 보통 | 노력 |
| 상호평가 | 우리 모둠은 역할극을 통해 자기주장을 분명히 표현하였나요? | 우수 | 보통 | 노력 |
| | 대본과 연기를 통해 자신의 의사를 가장 명확하게 전달한 모둠은 어디인가요? | | | |
| | 오늘 수업에서 직접연기를 하여 좋았던 점 한 가지를 적어봅시다. | | | |
| 종합평가 | 잘한 점 | | 보완할 점 | |

## 가정에 보내는 편지

 학부모님께

사춘기에는 몸과 마음의 발달과 함께 이성에 대한 관심이 높아져 이성교제 경험도 증가합니다. 그러므로 이 시기의 학생들은 정확한 성 지식을 습득하고, 올바른 이성관을 확립해야 합니다. "자기주장 잘하기" 단원에서는 학생들이 실제 내가 이성교제를 한다면, 혹은 이성교제 시 발생할 수 있는 여러 위험상황들을 가정하여 이러한 상황을 슬기롭게 해결하고 예방해 나가는 방법을 학습하였습니다. 모둠별 토의를 통해 상황을 분석하여 문제를 예측하고, 바람직한 의사결정을 내리는 방법을 친구들과 토의하는 시간을 가졌습니다. 역할극을 통해 실제 위험상황에서 거절하는 방법을 연습해 보았습니다.

가정에서도 자녀가 수업시간에 한 활동들을 바탕으로 이성교제에 대한 자녀의 생각을 들어보는 시간을 가져보시기 바랍니다. 초등학교 5~6학년 학생 200여명을 대상으로 한 설문조사 결과(2017년 힌국라이프스킬 교육센터), 이성친구와의 스킨십(손잡기, 포옹)을 자연스럽거나 긍정적으로 생각한다는 학생이 약 63%로, 많은 학생들이 이성교제와 이성친구와의 접촉 등에 대해 거부감을 갖고 있지 않았습니다. 부모로서 자녀의 이성교제를 통제해야 하는 행위로 보지 않고, 자녀의 자연스러운 성장 과정에서의 인간관계 맺기라고 생각하여 주시고 자녀가 자신을 소중히 여기고 위험행동을 피할 수 있는 건전한 이성교제를 할 수 있도록 조언해 주십시오. 부모님과의 열린 대화의 기회가 많을수록 자녀의 올바른 성 가치관 및 성 태도가 확립되는데 큰 도움이 될 것입니다.

감사합니다.

# 5단원

## 비판적 사고와 문제해결 잘하기

- ⑮ 인터넷 사진 공유의 위험성 바로 알기
- ⑯ 자신의 미래 생각하기

▶ 가정에 보내는 편지

# 15 인터넷 사진 공유의 위험성 바로 알기

SNS를 통한 자료 공유의 위험성을 말할 수 있어요.

### 활동1  SNS를 통한 정보 공유의 위험성 생각해 보기

SNS를 통해 정보를 공유했을 때 생길 수 있는 문제 또는 위험성은 무엇인지 적어봅시다.

---

### 활동2  음란물 피해 예방법 토의하기

1. 포스트잇에 자신의 생각을 자유롭게 적는다.
2. 비슷한 의견끼리 묶는다.
3. 의견을 정리한다.
4. 전지에 발표하기 좋게 기록한다.

음란물로 인한 피해 예방법
➡

*포스트잇을 붙여주세요.*

5단원 비판적 사고와 문제해결 잘하기

 아동·청소년의 성보호에 관한 법률

## 제11조(아동·청소년이용음란물의 제작·배포 등)

① 아동·청소년이용음란물을 제작·수입 또는 수출한 자는 무기징역 또는 5년 이상의 유기징역에 처한다.

② 영리를 목적으로 아동·청소년이용음란물을 판매·대여·배포·제공하거나 이를 목적으로 소지·운반하거나 공연히 전시 또는 상영한 자는 10년 이하의 징역에 처한다.

③ 아동·청소년이용음란물을 배포·제공하거나 공연히 전시 또는 상영한 자는 7년 이하의 징역 또는 5천만원 이하의 벌금에 처한다.

④ 아동·청소년이용음란물을 제작할 것이라는 정황을 알면서 아동·청소년을 아동·청소년이용음란물의 제작자에게 알선한 자는 3년 이상의 징역에 처한다.

⑤ 아동·청소년이용음란물임을 알면서 이를 소지한 자는 1년 이하의 징역 또는 2천만원 이하의벌금에 처한다.

⑥ 제1항의 미수범은 처벌한다.

[출처] 국가법령정보센터(시행: 2016.11.30)

 학습한 내용 평가해 보기

| 평가 | 질문내용 | 응답 | | |
|---|---|---|---|---|
| 자기평가 | SNS를 통한 자료 공유의 위험성에 대해 설명할 수 있나요? | 우수 | 보통 | 노력 |
| | SNS를 통한 자료 공유시 주의점에 대해 발표할 수 있나요? | 우수 | 보통 | 노력 |
| | 인터넷 자료 공유의 바른 이용에 대해 설명할 수 있나요? | 우수 | 보통 | 노력 |
| | 오늘 수업에 적극적으로 참여하였나요? | 우수 | 보통 | 노력 |
| 상호평가 | 우리 모둠은 '사진 공유의 위험성' 동영상을 본 소감을 자유롭게 표현하였나요? | 우수 | 보통 | 노력 |
| | 음란물 피해 예방법에 대한 토의를 통해 가장 좋은 의견을 제시한 모둠은 어디인가요? | | | |
| | 오늘 수업에서 새롭게 알게 된 한 가지를 적어봅시다. | | | |
| 종합평가 | 잘한 점 | | 보완할 점 | |

# 16 자신의 미래 생각하기

미래의 나를 생각해 보아요.

 미래의 나의 모습 상상하고 미래 목표 세우기

**미래에 되고 싶은 나**

노력할 점　　　　　　　　　　　　피해야 할 것

필요한 스킬

**현재의 나**

5단원 비판적 사고와 문제해결 잘하기

## 활동2  나의 모습에 대한 콜라주 만들기

나의 모습을 콜라주로 표현해 봅시다.

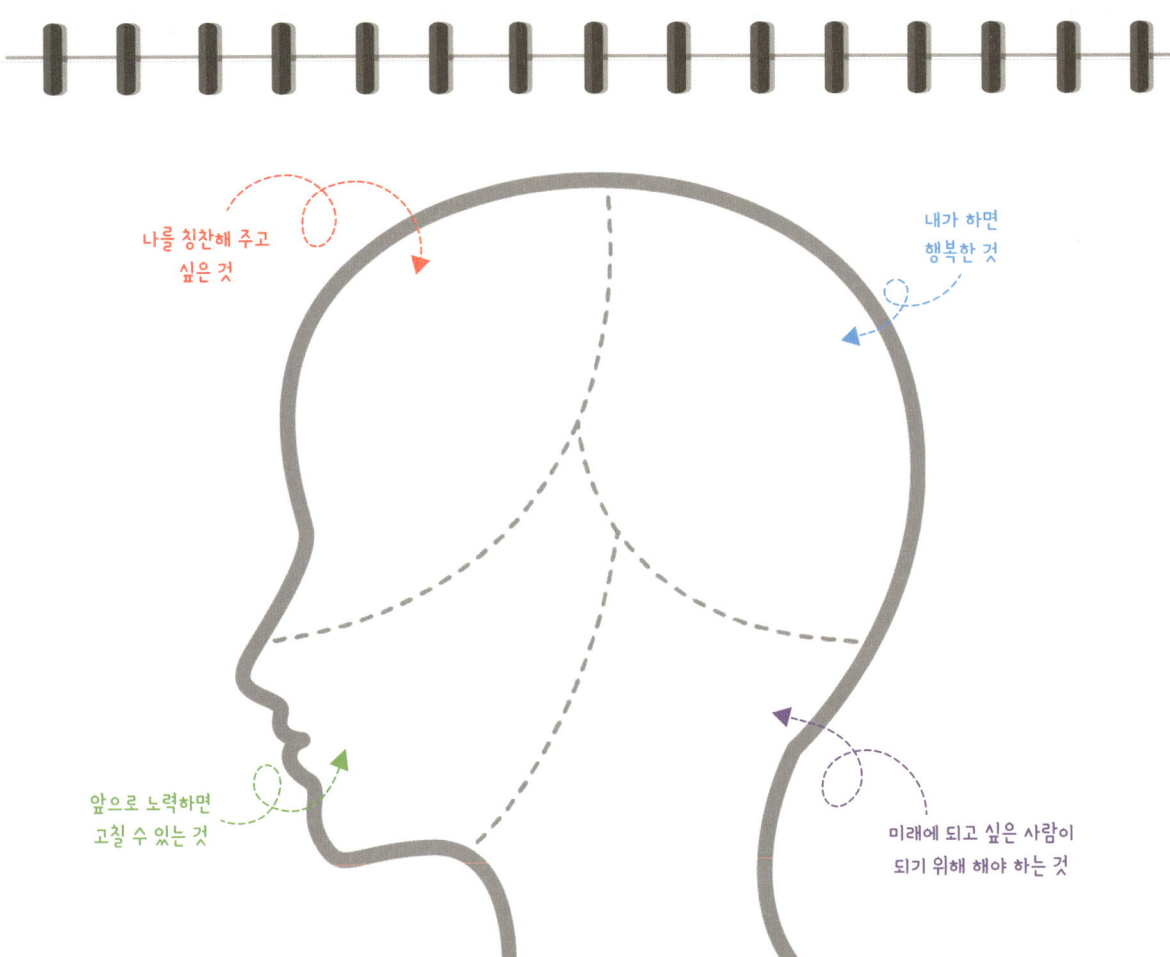

나를 칭찬해 주고 싶은 것

내가 하면 행복한 것

앞으로 노력하면 고칠 수 있는 것

미래에 되고 싶은 사람이 되기 위해 해야 하는 것

| 응원메시지 | 응원메시지 | 응원메시지 |
|---|---|---|
|  |  |  |

## 정리 돌아보기

1. 미래에 되고 싶은 자신을 상상하며 목표를 정했습니까?
   네 (    )        아니오 (    )

2. '미래의 나'를 위해 노력해야 할 점이 무엇인지 알게 되었습니까?
   네 (    )        아니오 (    )

3. 미래의 꿈을 이루기 위해 피해야 할 것은 무엇인지 알게 되었습니까?
   네 (    )        아니오 (    )

4. 미래의 꿈을 이루기 위해 어떤 스킬(능력)이 필요한지 알게 되었습니까?
   네 (    )        아니오 (    )

5. 오늘 수업의 소감과 앞으로의 다짐을 적어보세요.

------------------------------------------------------------
------------------------------------------------------------
------------------------------------------------------------
------------------------------------------------------------
------------------------------------------------------------
------------------------------------------------------------
------------------------------------------------------------

 **학습한 내용 평가해 보기**

| 평가 | 질문내용 | 응답 | | |
|---|---|---|---|---|
| 자기평가 | 나에 대한 긍정적인 이미지를 표현할 수 있나요? | 우수 | 보통 | 노력 |
| | 자신의 미래 목표를 위해 노력할 점이 무엇인지 말할 수 있나요? | 우수 | 보통 | 노력 |
| | 미래의 목표달성을 위해 피해야 할 것이 무엇인지 말할 수 있나요? | 우수 | 보통 | 노력 |
| | 미래의 목표달성을 위해 어떤 스킬을 더 개발해야하는지 발표할 수 있나요? | 우수 | 보통 | 노력 |
| 상호평가 | 우리 모둠은 콜라주 만들기를 통해 자기 모습을 자유롭게 표현하였나요? | 우수 | 보통 | 노력 |
| | 콜라주에 응원 메시지를 가장 잘 표현한 모둠은 어디인가요? | | | |
| | 오늘 수업에서 얻은 긍정적인 메시지 한 가지를 적어봅시다. | | | |
| 종합평가 | 잘한 점 | | 보완할 점 | |

## 가정에 보내는 편지

 **학부모님께**

꿈을 실현하기 위해서는 장기적인 목표로 이어지는 단기적 목표를 세워 살아가는 것이 중요합니다. 그러나 꿈을 향하는 길에는 자아실현을 방해하는 여러 가지 유혹과 장애 요소들이 있을 수 있습니다. 그 중에는 흡연, 음주, 이른 성 행동과 같은 위험행동도 포함되어 있습니다. 우리 학급은 이번 시간 자아실현을 위해 어떤 목표를 설정해야 하는지, 그리고 여러 가지 위험행동을 피하고 대처하는 방법에 대해 모둠 토의와 콜라주 활동을 통해 학습하였습니다.

단순한 성 지식이나 정보의 암기가 아닌 체험형 활동을 통한 성 교육은 학생들에게 스스로 생각하고 문제를 해결해 나가는 비판적 사고와 문제해결능력을 키워줍니다.

가정에서도 학생들이 배운 자아존중감형성스킬, 목표설정스킬, 의사결정스킬, 자기주장스킬, 대인관계스킬, 비판적 사고와 같은 라이프스킬을 향상시키도록 도와주실 수 있습니다. 자녀들에게 무엇을 하라고 말해주는 대신에, 자녀와 함께 문제를 고민해 보고 여러 가지 대안을 생각해 보는 시간을 가져보십시오. 그리고 그러한 대안 중 가장 좋은 대안을 자녀가 선택하는 연습을 하게 해 주십시오. 또한 자녀가 현실적인 단기, 장기 목표를 세울 수 있도록 격려해 주시고, 각 단계에서 크고 작은 성취가 있을 때마다 칭찬해 주시기 바랍니다. 이러한 방법들은 자녀를 위험행동으로부터 보호할 수 있는 요인 중 가장 기본이 되는 높은 자존감을 키워주는데 도움이 됩니다.

부모님께서 자녀의 성장에 관심을 주시는 만큼 자녀의 라이프스킬은 향상될 것입니다.


감사합니다.

# 부모님과 함께 하는 라이프스킬 성 교육

귀 자녀의 수업내용을 '확인' 하셨나요?

| 단원 | 제목 | 의견 | 확인 |
|---|---|---|---|
| 1<br>사춘기<br>자아존중감<br>높이기 | 1. 사춘기 몸과 마음 | | |
| | 2. 사춘기 몸의 변화 | | |
| | 3. 사춘기 마음의 변화 | | |
| 2<br>성 건강관리<br>잘하기 | 4. 여성 생식기의 구조와 기능 | | |
| | 5. 남성 생식기의 구조와 기능 | | |
| | 6. 생식기 건강관리 | | |
| | 7. 아기의 탄생 | | |
| 3<br>톡톡(talk talk)<br>관계맺기 잘하기 | 8. 남녀 성 심리 차이 | | |
| | 9. 올바른 성 건강정보 활용하기 | | |
| | 10. 바람직한 의사결정 | | |
| | 11. 성 평등 세상 | | |
| 4<br>자기주장<br>잘하기 | 12. 건전한 이성교제 | | |
| | 13. 위험행동 예측하기 | | |
| | 14. 유혹 거절하기 | | |
| 5<br>비판적 사고와<br>문제해결 잘하기 | 15. 인터넷 사진 공유의 위험성 바로 알기 | | |
| | 16. 자신의 미래 생각하기 | | |

## 저자 약력

이규영(李圭英)

현, 중앙대학교적십자간호대학 교수

## 주요저서

중학교 라이프스킬로 배우는 성 톡톡 교사용 지도서(2017). 중앙대학교 출판부

중학교 라이프스킬로 배우는 성 톡톡 학생용 워크북(2017). 중앙대학교 출판부

보건교육. 한국방송통신대학교 출판부(2017).

지역사회 간호학. 수문사(2017) 등 다수

## 주요연구

- Behavioral and psychosocial factored associated with suicidal ideation among adolescents, 2018. 4. NURSING & HEALTH SCIENCES (SSCI)
- 초중고 보건교사들의 메르스발생 시 대응. 2018.3. JOURNAL OF KOREAN ACADEMY OF COMMUNITY HEALTH NURSING (SCOPUS)
- Analysis of Korean adolescents's sexual experience and substance use 2017. 06. SOCIAL BEHAVIOR AND PERSONALITY (SSCI)
- 중고등학교 다문화청소년들의 폭력피해경험에 영향을 미치는 요인. 2017.12. 교육문화연구 (KCI)
- Effects of an obesity management mentoring program for Korean children. 2016. 08. APPLIED NURSING RESEARCH (SSCI)
- 한국 남녀청소년 성 행태와 성경험. 2016.12. 한국산학기술학회지 (KCI)
- 수도권지역 간호대학생들의 셀프리더십 수준. 2016.12. 교육문화연구 (KCI)
- 수도권지역 남녀청소년들의 정서행동특성에 영향을 미치는 요인 2016. 06. 정서·행동장애아교육학회 (KCI) 외 다수

## 외부연구

- 2017-2019년. 청소년을 위한 라이프스킬 기반 성 건강 프로그램 효과성 제고 및 심화발전 (한국연구재단 중견연구자 사업)

  2014-2017년. 청소년을 위한 라이프스킬 기반 성 건강 프로그램 개발 사업 (한국연구재단 중견연구자 사업)
- 2015년 경기도 보건교사 직무연수 용역사업 (경기도 교육청)
- 2014년 다빈치여행 대학연계사업 (인천광역시 교육청)
- 2013년 고등학교 보건 교과 인정도서 감수 (장안대학교)
- 2009년 학교보건교육 발전을 위한 지원방안연구 (교육과학기술부)
- 2009년 중고등학교 보건과목 해설서 개발 (교육과학기술부)